AF359539

EXPÉDITION SCIENTIFIQUE FRANÇAISE

EN RUSSIE, EN SIBÉRIE ET DANS LE TURKESTAN

VI

ATLAS ARCHÉOLOGIQUE

DES ANTIQUITÉS FINNO-OUGRIENNES ET ALTAÏQUES

DE

LA RUSSIE, DE LA SIBÉRIE ET DU TURKESTAN

LE PUY, IMPRIMERIE DE MARCHESSOU FILS, BOULEVARD SAINT-LAURENT, 23

EXPÉDITION SCIENTIFIQUE FRANÇAISE
EN RUSSIE, EN SIBÉRIE ET DANS LE TURKESTAN

VOL. VI

ATLAS
ARCHÉOLOGIQUE

DES

ANTIQUITÉS FINNO-OUGRIENNES
ET ALTAÏQUES

DE

LA RUSSIE, DE LA SIBÉRIE ET DU TURKESTAN

PAR

CH. E. DE UJFALVY DE MEZÖ-KÖVESD
MEMBRE DE L'ACADÉMIE ROYALE DES SCIENCES DE HONGRIE
DES SOCIÉTÉS DE GÉOGRAPHIE DE PARIS, BORDEAUX, AMSTERDAM, BUDAPEST, MUNICH
SAINT-PÉTERSBOURG, ROME ET VIENNE
DES SOCIÉTÉS D'ANTHROPOLOGIE DE PARIS, BERLIN, MOSCOU ET VIENNE

PARIS
ERNEST LEROUX, EDITEUR
LIBRAIRE DE LA SOCIÉTÉ ASIATIQUE
DE L'ÉCOLE DES LANGUES ORIENTALES VIVANTES, ETC
28, RUE BONAPARTE, 28

1880

A MON AMI

MONSIEUR

GIRARD DE RIALLE

HOMMAGE AFFECTUEUX

L'AUTEUR

AVANT-PROPOS

L'ATLAS *archéologique que nous soumettons à nos lec-
teurs et qui forme le sixième et dernier* [1] *volume
de notre relation de voyage, contient des objets de
quatre natures différentes.*

*La première série comprend les objets que le docteur Ivanofsky
et nous-même avons trouvés dans l'ancien pays des Votes;*

*La seconde embrasse les résultats des fouilles faites par le doc-
teur Europæus dans le pays des Vêpses;*

*La troisième comprend les antiquités que nous avons rapportées
de la Sibérie et que nous devons à la gracieuseté des généraux
Kaznakoff et Haintz* [2].

1. Le cinquième volume intitulé : *Les émaux, étoffes, bijoux, aiguières, etc., de l'A-
sie centrale*, est sous presse.

2. Au sein de *la Société impériale des Amis des sciences naturelles, d'anthropologie
et d'ethnographie de Moscou* (le 10 mars 1879), M. Poliakoff, conservateur des collec-
tions zoologiques du musée de l'Académie des sciences de Saint-Pétersbourg, s'est permis d'émettre des assertions sur mon compte qui sont absolument contraires à la vérité.
Dans le courant de la communication que j'ai faite, en décembre 1877, à la Société de
géographie de Saint-Pétersbourg, je n'ai jamais dit avoir découvert des objets préhistoriques de l'âge de la pierre dans les environs de Tobolsk, en Sibérie. Je n'ai jamais
été dans ces contrées et je dois les objets en question à la gracieuseté du général Kaznakoff qui me les a donnés à Omsk, choses que j'ai eu soin de dire [1]. Ce n'est pas une
raison parce que M. Poliakoff ne comprend point suffisamment le français pour qu'il

1. *Voir le 2ᵉ vol. de notre relation de voyage: le Syr-Daria, le Zérafchâne. etc. p. 140, et le
3ᵉ vol. les Bachkirs, les Vêpses, etc., pp. 145 et 146.*

La quatrième, enfin, contient des types que nous avons empruntés aux différentes publications de M. Aspelin et qui sont particulièrement intéressants à rapprocher des objets rapportés par nous-même.

Nous avons eu soin d'indiquer sur chaque planche l'explication des figures.

Cet atlas a été fait à l'appui d'une double thèse :

1° Les antiquités altaïques de la Sibérie ont une grande affinité avec les antiquités finno-ougriennes de la Russie d'Europe ;

2° L'âge de pierre a positivement existé en Sibérie, comme les savants russes l'ont démontré depuis longtemps.

Ces deux résultats nous paraissent à eux seuls dignes d'attirer l'attention des savants compétents.

Le troisième volume de notre publication renferme, d'ailleurs, toutes les explications nécessaires à l'intelligence du présent atlas.

Qu'il me soit permis de remercier ici M. de Séménoff, les généraux de Kaznakoff et Haintz, et le docteur Ivanofsky qui ont bien voulu me donner une série d'objets préhistoriques pour le musée ethnographique de Paris.

Je dédie cet atlas à un ami dont les conseils scientifiques m'ont été précieux pendant mon voyage.

Paris, le 12 janvier 1880.

L'AUTEUR.

se permette des observations discourtoises sur mon compte. Je le regrette s'il y a des archéologues en Europe qui ne connaissent point les éminents travaux de M. Poliakoff, *véritable découvreur* de l'existence de l'âge de pierre en Sibérie [1].

1. *Voir R. Aspelin. De la civilisation préhistorique des peuples permiens, etc. Tiré du vol. I des travaux de la 3e session du Congrès international des Orientalistes. Leide, 1878, p. 5.*

ATLAS
ARCHÉOLOGIQUE

Types de perles en bronze, verre terre glaise, cristal de roche, etc., trouvés dans le pays des Vôtes par le docteur Ivanofsky (C. I¹. M. E.²).

1. C. I. = Collection du docteur Ivanofsky.
2. M. E. = Musée ethnographique du Trocadéro.

Types de fibules trouvées dans le pays des Vôtes par le docteur Ivanofsky (C. I).
La Fibule du milieu a été trouvée dans le pays des Mordvines. (P. A. [1])

1 P. A. = empruntée aux publications de M. Aspelin.

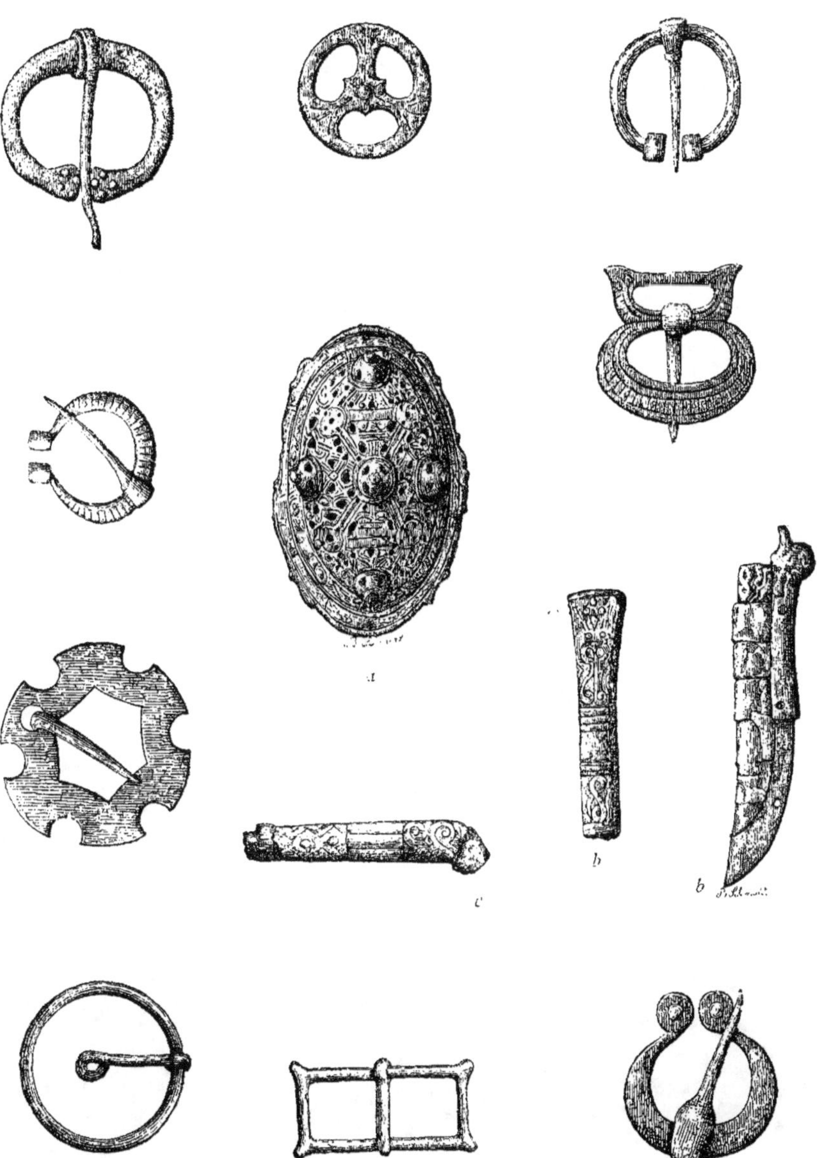

Types de fibules trouvées dans le pays des Vôtes par le docteur Ivanofsky. (C. I.)

a. Boucles scandinaves, *id.* (C. I.)

b. b. Manches de couteaux en bronze et couteaux avec fourreau, *id.* (M. E.)

c. Manche de couteau en bronze trouvé par M. de Ujfalvy, à Kholopovitsi. (M. E.)

Types de pendeloques en bronze trouvés dans le pays des Vèpses par M. Europæus.

b. b. Pendeloques trouvées dans le pays des Vôtes par le docteur Ivanofsky.

c. c. Pendeloques trouvées à Vologda et dans le pays des Mériens. (P. A.)

Types de pendeloques (à croix) trouvés dans le pays des Vôtes, par le docteur
Ivanofsky. (C. I.)

Types de pendeloques trouvées dans le pays des Vôtes par le docteur Ivanofsky. (C. I.)
a. Pendeloques trouvées à Perm. (P. A.)

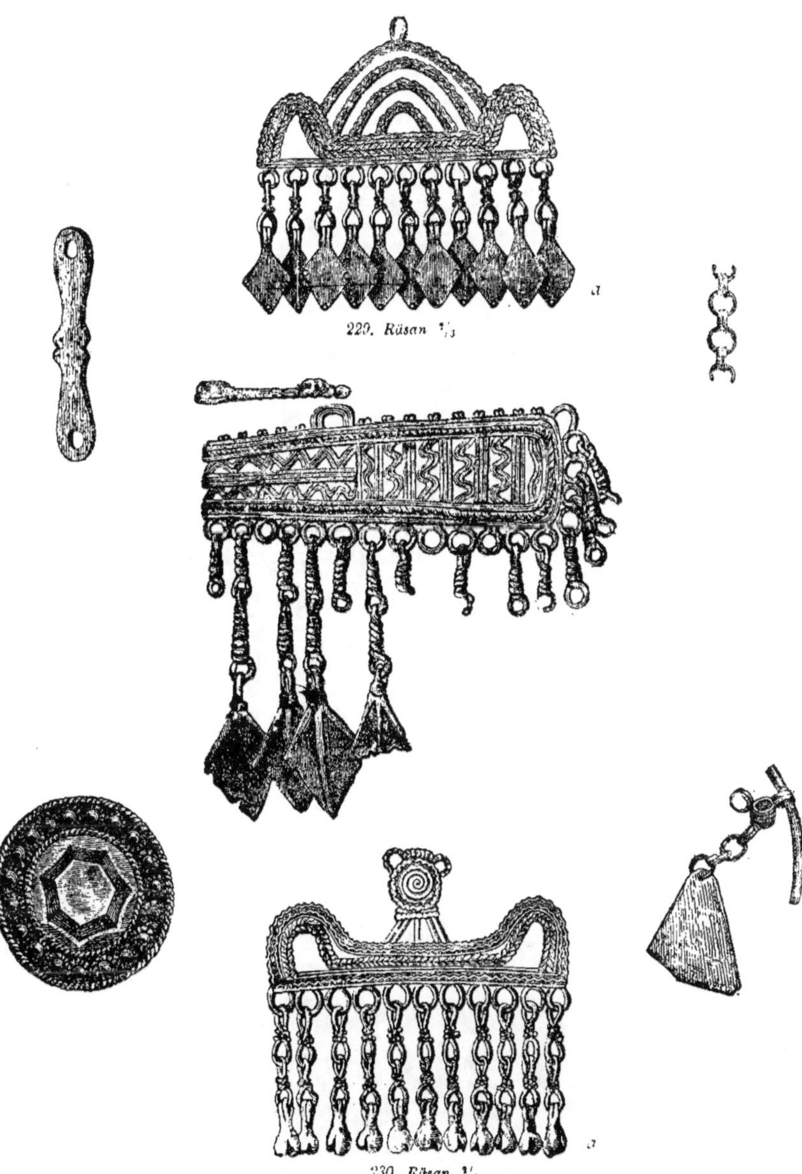

a. a. Types d'objets trouvés à Räsan. (P. A.)
Types d'objets trouvés dans le pays des Vôtes, par le docteur Ivanofsky. (C. I.)

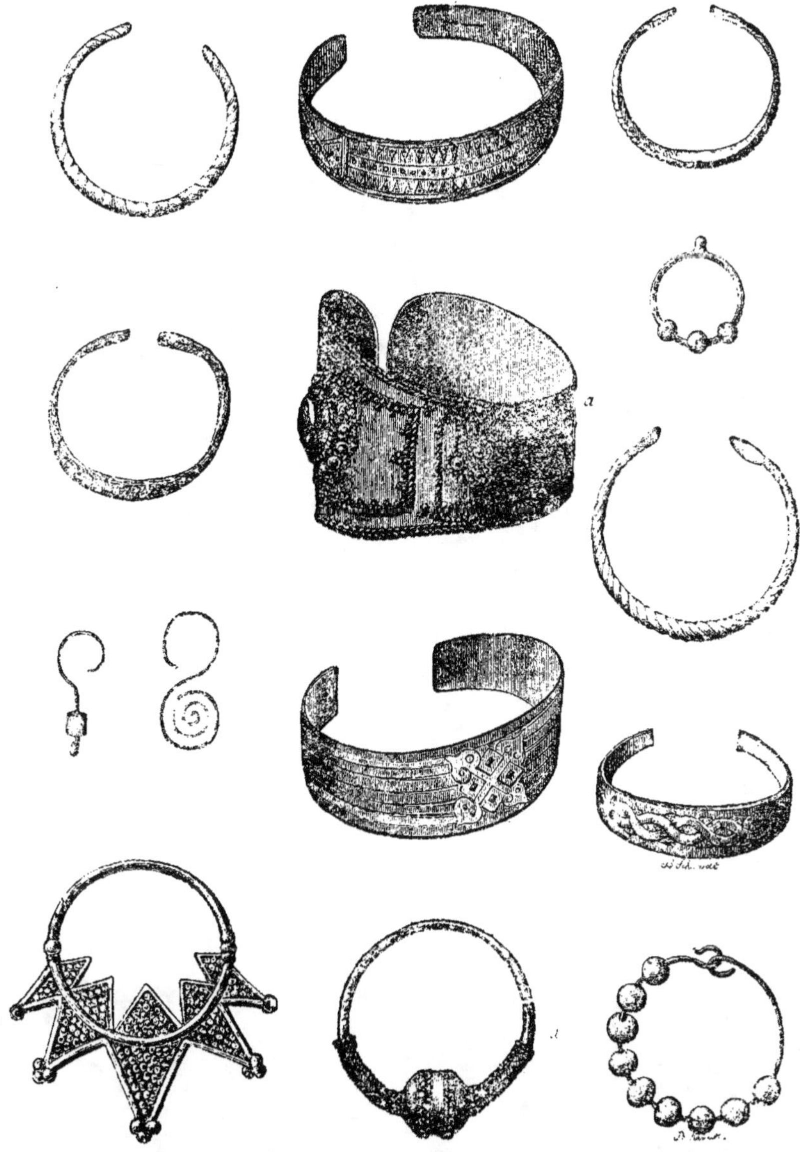

Types de bracelets trouvés dans les pays des Votes et près d'Akmollinsk (en
Sibérie). (M. F.)
Types d'objets trouvés par le docteur Ivanofsky. (C. I.)
Types d'objets trouvés à Perm (a a) et Räsan (b). (P. A.)

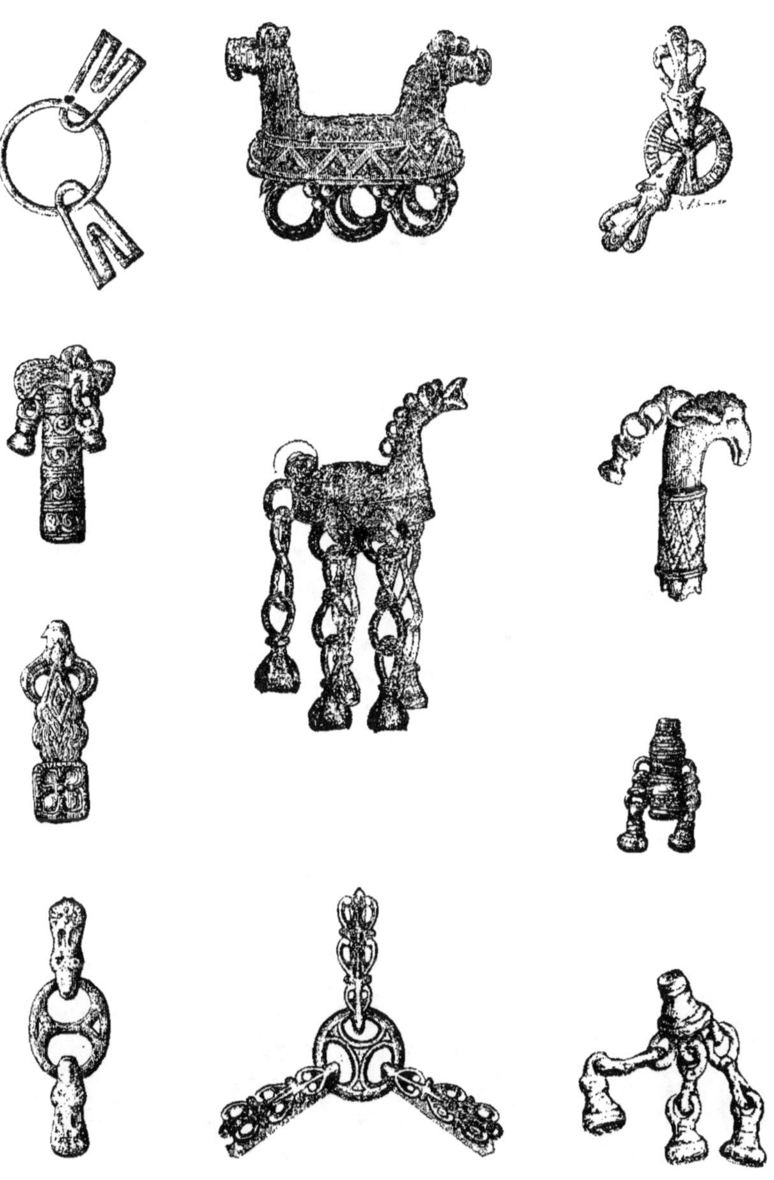

Types d'objets trouvés par MM. Ivanofsky et Europæus, dans le pays des Vôtes et dans le pays des Vêpses (près de Tikhvine). (C. I et M. E.)

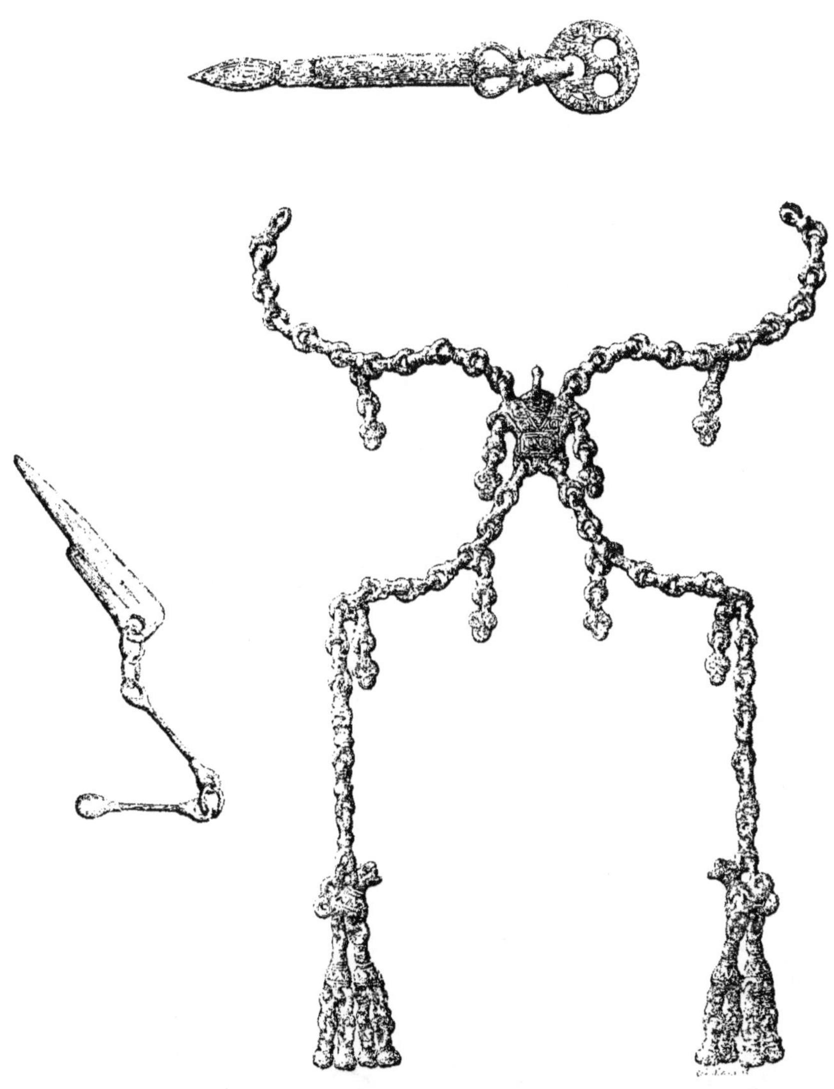

Ornements en bronze trouvés par le docteur Ivanofsky, dans le pays des
Vôtes. (C. I.)

Collier en bronze avec pendeloques, trouvés dans le pays des Vèpses, par le
docteur Europæus. (M. E.)

Objets en pierre rapportés de la Sibérie occidentale par M. de Ujfalvy. (M. E.)
(Don du général de Kaznakoff.)

Couteaux en bronze, trouvés par M. de Séménoff, près de Sémipalatinsk
(Sibérie occidentale). (M. E.)

Objets en pierre et en bronze, trouvés dans les environs d'Akmollinsk (Sibérie
occidentale). (M. E.)

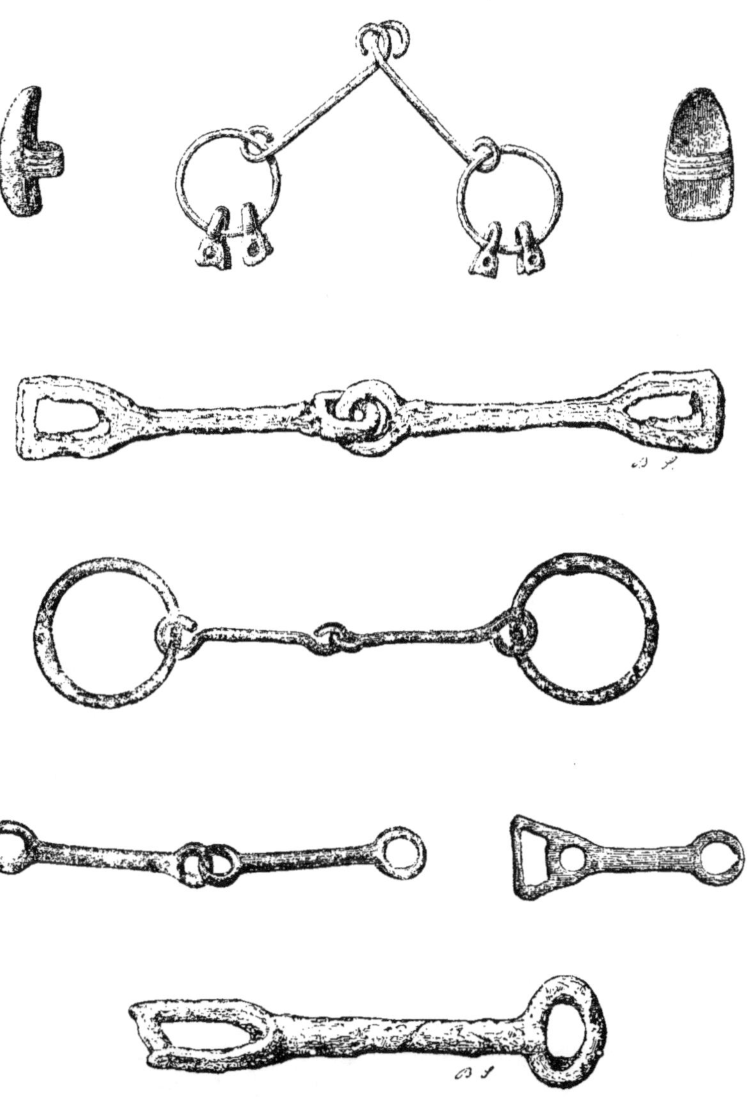

Espèce de couvre-pouce en bronze de la Sibérie occidentale. (E. A. M.) [1]

Mors et fragment de mors trouvés par M. de Séménoff, dans les environs de Sémipalatinsk (Sibérie occidentale). (M. E.)

Mors et fragment de mors de la Sibérie occidentale. (E. A. M.)

1. E. A. M = Exposition anthropologique de Moscou (1879).

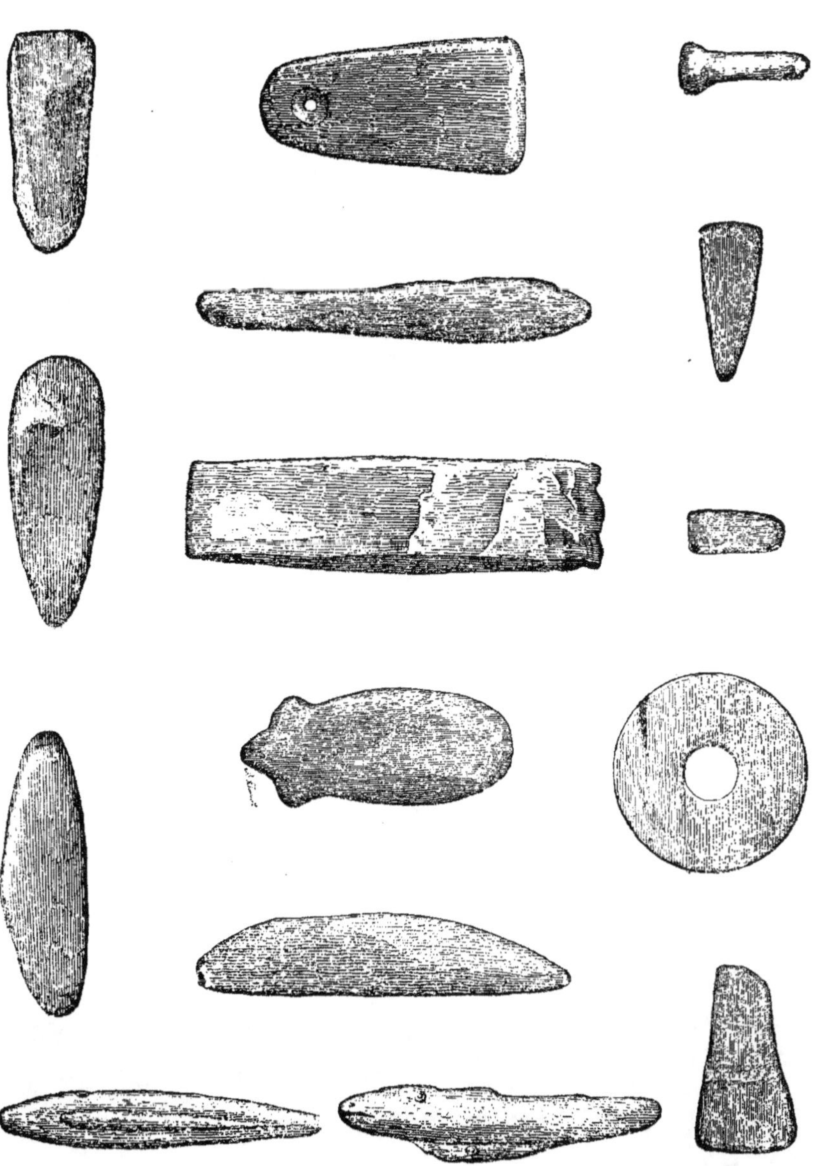

Types d'objets en pierre trouvés en Sibérie. (E. A. M.)

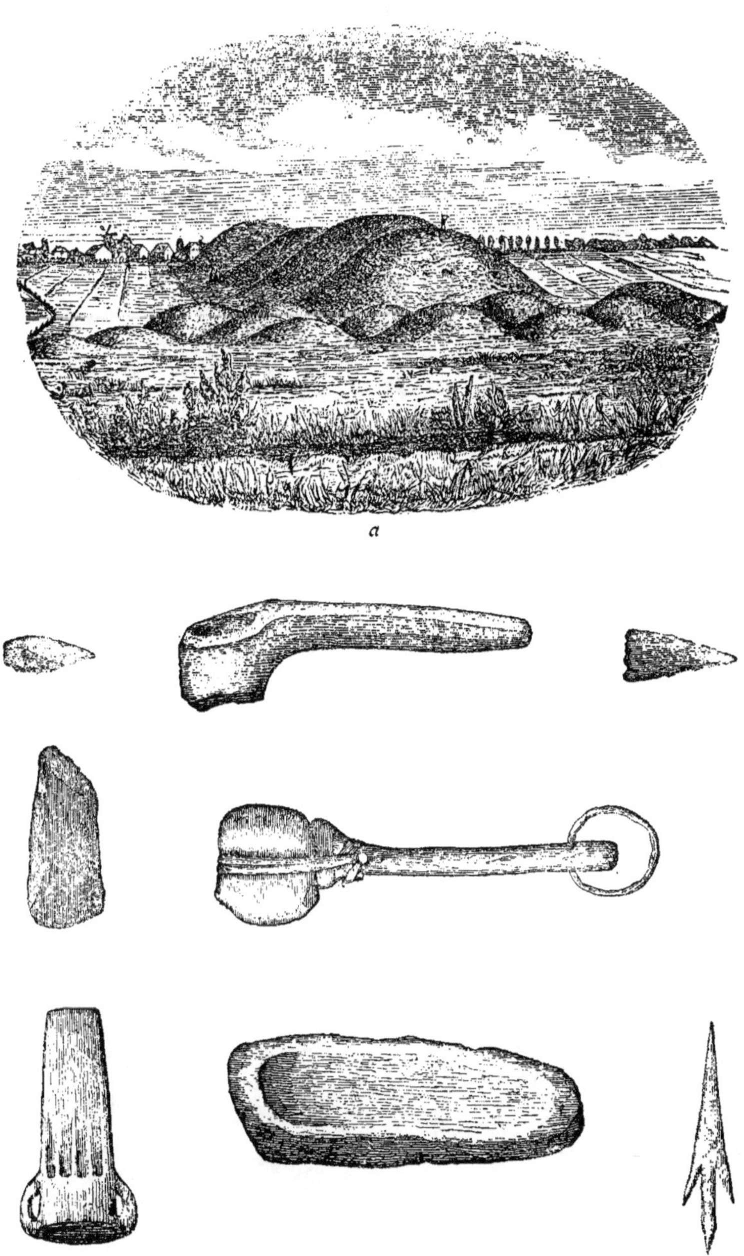

a. Type d'un Kourgâne (Twer). (P. A.)
Types d'objets en pierre et en bronze trouvés en Sibérie. (E. A. M.)

Types de bagues en bronze (pays des Votes et des Vepses) (M. E.)
Bouddha en laque de la province de l'Ili, Chine occidentale (M. E.)
Types de glace en bronze trouvés en Sibérie (E. A. M.)
Types de bagues en bronze (pays des Vepses) (C. I.)

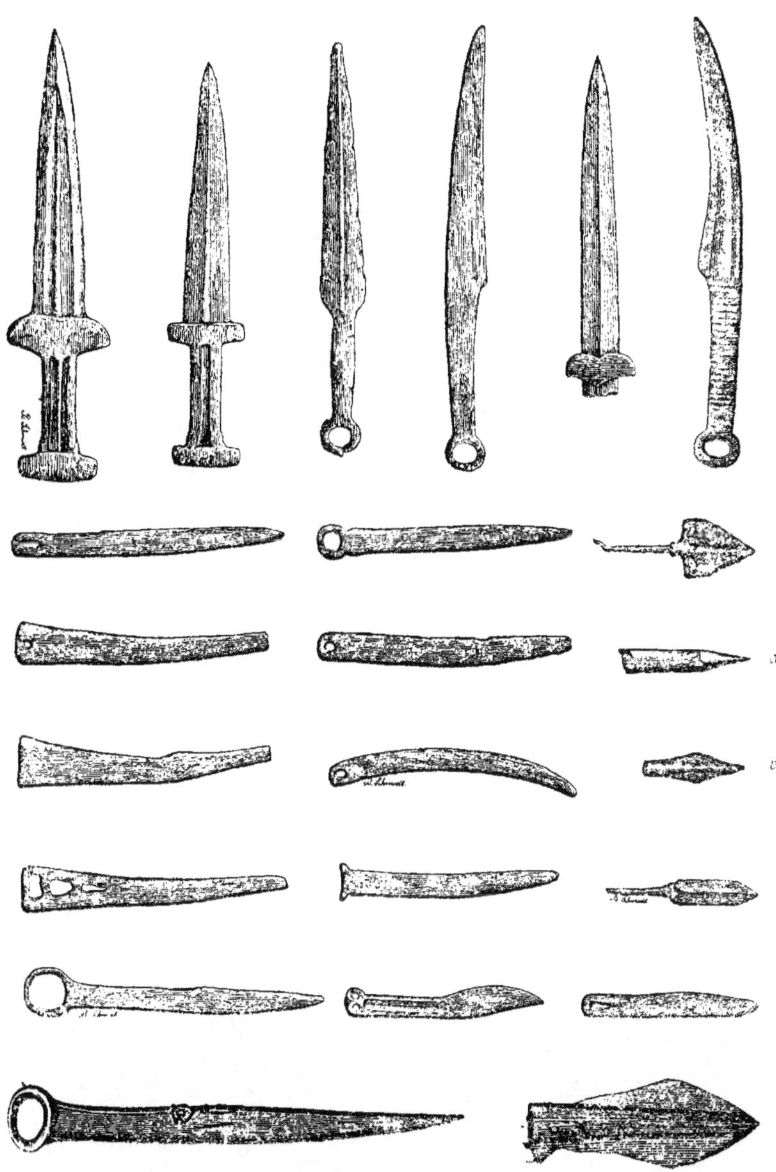

Types d'objets en bronze trouvés en Sibérie (E. A. M.)
a. Pointe de flèche en os (Sibérie occidentale). (M. E.)
b. Pointe de flèche en bronze (Sibérie occidentale) (M. E.) (de Séménoff).

Images taillées dans un rocher, dans le défilé de Saïkémir, prés de Sérghiopol
(Turkestan).

Images taillées dans les rochers en Sibérie, d'après Spassky.

Inscription gravée sur le rocher du Tamgal-tach (Turkestan).

Couteau en bronze, trouvé par M. de Séménoff dans l'Altaï. (M. E.)

Fragment d'une urne en bronze, *id.* (M. E.)

Boucle en bronze et fragment de vase en bronze, trouvées près du lac Issik-Koul (Turkestan). (M. E.)

Objet en bronze, trouvé près du lac Issik-Koul (Turkestan).

Idole kalmouque (Turkestan). (M. T.)[1]

Image bouddhique, gravé sur un rocher, près du lac Issik-Koul (Turkestan).

1. M. T. = Musée ethnographique de Tachkend.

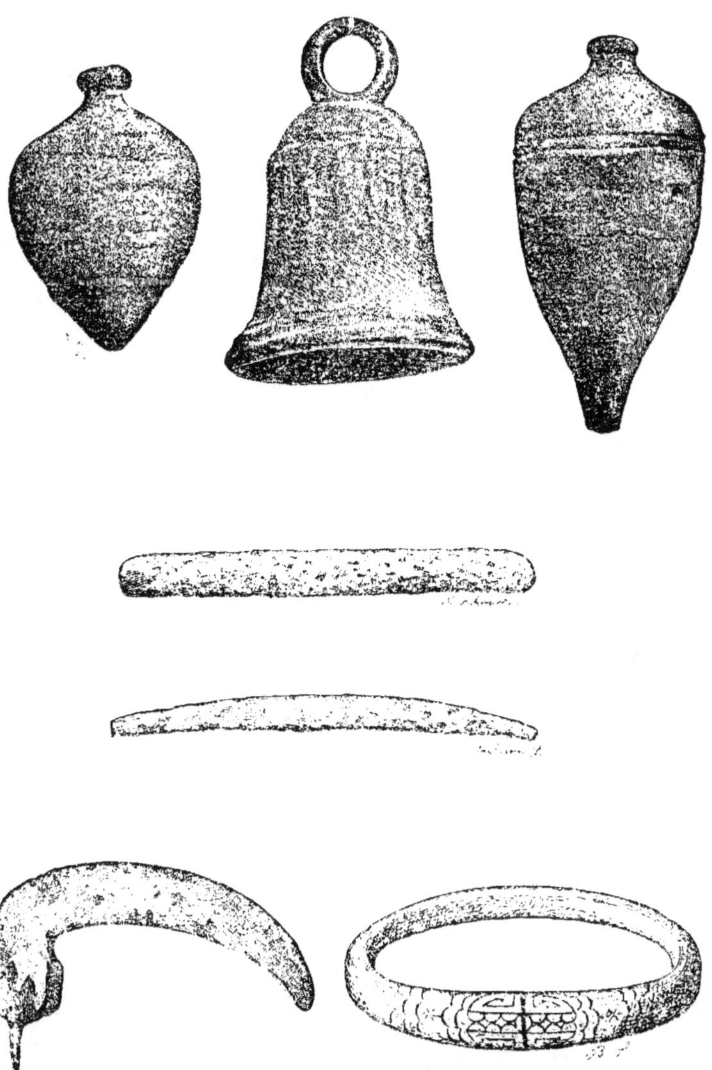

Cloche en bronze et bombes à feu grégeois, trouvées dans les environs de
Tachkend (Turkestan). (M. T.)

Objet en pierre et en bronze, trouvés dans les environs de Tachkend (Turkestan). (M. T.)

Bracelet en cuivre, de Kouldja (Chine occidentale). (M. E.)

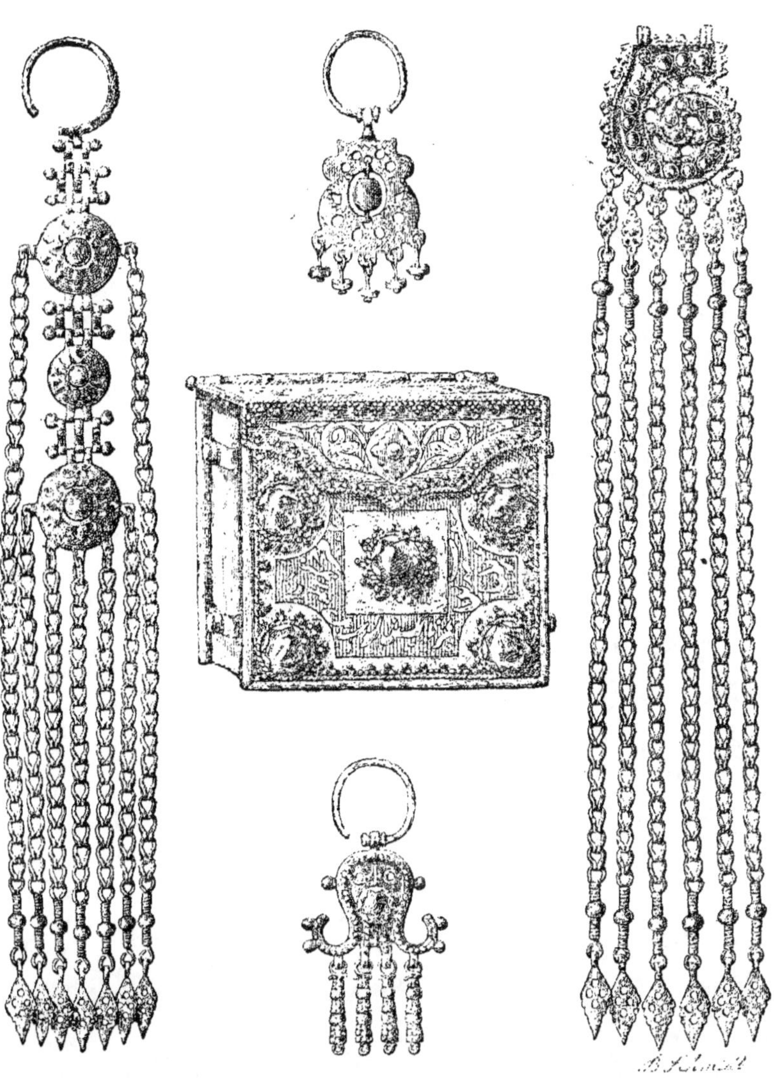

Types de bijoux en argent trouvés dans des tombes bulgares, près de Kasan.
(Russie d'Europe.) (M. E.)

www.ingramcontent.com/pod-product-compliance
Lightning Source LLC
LaVergne TN
LVHW021819170726
843503LV00007B/3277